Highlander Polish-English/ English-Highlander Polish Dictionary

Jan Gutt-Mostowy

translated by
Mirosław Lipiński

preface
Thaddeus V. Gromada

HIPPOCRENE BOOKS

Published by Hippocrene Books, Inc.
171 Madison Avenue
New York, N.Y. 10016

Book design by Jaroslaw Pajko

First Edition
ISBN 0-7818-0303-9

Printed in the United States of America

CONTENTS

PREFACE

The Tatra Mountain Region in Southern Poland, known as "Podhale" in Polish, is one of the most compact and distinctive ethnographic units in all of Europe. It has produced a fascinating folk type, the "góral" (mountaineer highlander) that has intrigued Polish cultural anthropologists and creative artists alike for many years. "Discovered" by Polish cultural elites, especially from Warsaw and Lwów in the latter part of the 19th century, the "górale" were admired for their courage, agility, physical strength, pride and love of freedom. Their humor and wit expressed in their colorful dialect "gwara góralska", gave them an additional attraction.

Stanisław Witkiewicz, eminent artist and literary figure, wrote in his book "Na Przełęczy" in 1891, that the "górale" were possessors of superior psychophysical qualities and an unusual artistic sense which should be brought into Polish national culture. Indeed, Witkiewicz introduced a new architectural style he called "Styl Zakopiański", inspired by the Tatra highlanders, and initiated a new literary movement, "Tatrzński Mesjanizm" (Tatra Messianism). Influenced by the legend "Spiący Rycerze" (The Sleeping Knights),

Witkiewicz believed that Podhale was destined to play a key role in regaining Poland's independence.

In the musical world, Karol Szymanowski, Poland's greatest composer since Chopin, described the "górale" as artists par excellence among all Polish folk types. Many of his compositions, among them the ballet suite "Harnasie", contain authentic "góral" folk tunes. Earlier, Ignacy Jan Paderewski first introduced "góral" music to the classical musical world in his composition "Tatrzański Album" for two pianos.

But it was Kazimierz Przerwa-Tetmajer, who best captured the "góral" soul in Polish literature. He did it by introducing the "gwara góralska" (góral dialect) into his literary masterpiece "Na Skalnym Podhalu" (In the Rocky Podhale) 5 volumes, 1903-1910, and "Legenda Tatr" (The Tatra Legend) 1910, where Tatra highlanders were portrayed as heroic figures, worthy of Homer's "Illiad" heroes. Not a "góral" himself, Tetmajer was born and reared in the "góral" village of Ludźmierz, where he was able to master the dialect like no one else did before or after.

The Polish highlanders are very proud that their folk culture has inspired so many Polish creative artists in the late 19th century and in the 20th century, and thus helped to enrich Polish national culture. A Związek Podhalan (Polish Highlanders Alliance) was founded in 1919 to preserve and cultivate the folk culture of Podhale in its various manifestations and to protect the "górale" from the Polish melting pot. It advocated regionalism and cultural pluralism in Polish culture and society. Less than a decade later a similar organization "Związek Podhalan w Ameryce" (Polish Highlanders Alliance of North America), was founded in the United States in 1928 with chapters in Chicago, Western Pennsylvania, Ohio, Upstate New York, Wisconsin, and New Jersey. In the Passaic, New Jersey chapter, a bilingual quarterly, "Tatrzański Orzeł" (The Tatra Eagle), was created in 1947 by Jan W. Gromada, Thaddeus V. Gromada and Jane Gromada Kedron. To this day, the periodical continues to be published and is devoted exclusively to the folk of Polish "góral" with many articles written in "gwara". During the difficult cold war period when regionalism was discouraged by the communist regime, it was the "Tatra Eagle" that encouraged its brethren in Podhale to preserve "góralszczyzna" and particularly the "gwara".

As a proud American of Polish "góral" descent, I am delighted that Jan Gutt-Mostowy from Poronin in Podhale prepared a Polish-Góral-English dictionary. It is obviously a labor of love that will elicit appreciation and recognition and allow the richness and beauty of the "gwara góralska" to become more available to the English-speaking world. Hippocrene Books should be commended for backing this unique project.

Thaddeus V. Gromada

Co-Founder and Co-Editor, "Tatrzański Orzeł"
(The Tatra Eagle)
Vice-President and Executive Director,
Polish Institute of Arts and Sciences of America

HIGHLANDER
POLISH
ENGLISH

B

ba - ale, lecz - *but, however*

baba - kobieta, żona, zwitek szmat do zatykaia komina - *woman, wife, roll of cloth to plug up a chimney*

babiniec - przedsionek kościelny, kruchta - *church vestibule*

babiorka - wiejska akuszerka - *peasant midwife*

babka - małe kowadełko do klepania, ostrzenia kosy - *small anvil used for beating, sharpening a scythe*

babowizna - grunt wniesiony w posagu przez żonę - *land a woman brings to her husband as part of a dowry*

babrać - robić szkodę, brudzić - *to do harm, to smear, stain*

babroń - szkodnik - *person causing harm*

baca - główny pasterz na hali, przedsiębiorca wypasowy - *flock-master*

baciar - włóczęga, łobuz - *loiterer, scamp*

bacówka - szałas mieszkalny na hali - *flock-master's hut*

baga - prymka, tytoń do żucia - *plug of chewing tobacco, chewing tobacco*

ba haj! - ależ tak! - *why, of course!*

ba jako? - ale jak, w domyśle: ale jak inaczej - *how else?*

ba jino - a tylko - *if only*

bajt - określenie końca zaszłości - *expression at the end of an event*

bajtlik - woreczek - *bag, pouch*

bajtlok - mówiący byle co - *babbler*

bajto - akurat! (wyraz niewiary) - *sure!, (expression of disbelief)*

bakiesisty - kędzierzawy - *fuzzy, fleecy*

bania - kopalnia - *mine*

baniok - pękaty garnek - *bulging pot*

banować - tęsknić - *to pine after*

bańdzioch - żołądek zwierzęcy, ogólnie brzuch - *an animal's stomach, stomach in general*

bartłomiejski - miesiąc, okres od 24 sierpnia do 29 września - *month-long period from August 24th to September 29*

basarunek - zadośćuczynienie za wyrządzoną szkodę - *compensation for loss, payment for damages*

---

basiok - silny tytoń węgierski - *strong Hungarian tobacco*

bausy - bokobrody - *sideburns, whiskers*

besgont - grubas - *fatso*

bezera - straszydło - *monster*

bieganiec - starodawny piec z zawiniętym przewodem dymnym - *old fashioned stove with a twisted smoke pipe*

bitka - bójka - *fight, row, scuffle*

blinkać - ledwo, ledwo świecić - *barely, barely shining*

bockować - tańczyć u boku tancerza - *to dance at the side of a dancer*

bocoń - bocian - *stork*

bocyć - pamiętać - *to remember*

bodej by - oby - *I hope, I wish*

bojsko - klepisko w stodole - *threshing floor in a barn*

bolok - wrzód - *ulcer*

bonior - głębina w rzece - *the deep part of a river*

bont - poprzeczka łącząca krokwie w dachu - *king-posted beam*

borowacizna, bór - teren torfiasty - *peaty terrain*

bosok - starodawny wóz o nieokutych kołach - *primitive wagon with unshodded wheels*

bośkać - całować - *to kiss*

brać sie - zbierać się do drogi, do roboty - *to get ready for a journey, to get ready to go to work*

brakowny - wybrany, doskonały - *chosen one, excellent*

brań - granica - *border, boundary*

brescéć - szczekać, wygadywać na kogoś - *to revile someone, to denigrate someone*

brok - śrut strzelniczy - *buckshot*

brusek - krąg piaskowca do ostrzenia, także krąg sera - *circle of sandstone used to sharpen something, also a circle of cheese*

bruśnice - czerwone jagody - *red berries*

bryndza - ser owczy rozdrobniony, posolony i ubity w naczyniu - *cheese from ewe's milk that has been granulated, salted, and whipped in a bowl*

brzemie - ciężar zawinięty w płachtę niesiony na plecach - *load carried in canvas over one's shoulders*

brzosc - gatunek drzewa *(Ulmus grabla)* - *a type of tree (Ulmus grabla)*

brzydź - brzydak - *ugly person*

budorz - cieśla, budowniczy domów - *carpenter, builder of homes*

bugańce - kajdany - *shackles, manacles*

bujny - wyrośnięty, gruby - *overgrown, fat*

bula - narośl, gałka - *growth, gnarl, wart, knob (on skin)*

bulkotać - tworzyć pękające bąble powietrza - *to create bursting air bubbles*

---

bundz - świeży owczy ser - *fresh cheese from ewe's milk*

buńdź - duża ilość, masa czegoś - *great quantity of something, great mass of something*

burniawa - hałas - *noise, din*

butrznieć - butwieć - *to moulder, rot away*

byńś - bękart - *bastard*

byrka - owca - *sheep*

bździongwa - obibok - *lazy-bones, loafer*

C

cabroń - rzucający czary, uroki, szarlatan - *casting charms, spells, quack*

cakla - gatunek owiec - *breed of sheep*

cap - cap (kozioł) - *he-goat*

capiorek - młody cap - *young goat*

condrać sie - moczyć w wodzie - *to soak in water*

cehrok - drapak - *stubby old broom*

cemir - astma - *asthma*

ceper - przybysz spoza Podhala - *newcomer from outside the Podhale region*

cernica - jeżyny - *blackberries*

cetyna - gałązka drzewa iglastego - *branch of a conifer tree*

cheboj haw - chodź tu - *come here*

chlasnąć - uderzyć na odlew - *to hit with all one's might*

chłop - mężczyzna, także mąż żony - *man, but also husband*

choć fto - byle kto - *whoever*

choćka - byle gdzie - *wherever*

choćkie - byle kiedy - *whenever*

chodny - trwały - *constant, lasting*

chodza - droga - *road*

chojco - byle co - *anything, any old thing*

cholontać - mieszać ciecz w naczyniu - *to mix liquid in a bowl*

chorkać - chrząkać - *to hawk, to clear one's throat*

chorkać sie - kłócić się - *to quarrel, to squabble*

chowaniec - przybrane dziecko - *adopted child*

chraść - chrust, suche gałęzie - *dry twigs, dry branches*

chudoba - dobytek - *property, possessions*

chudobny - biedny - *poor*

churdzielina - sfermentowany płyn - *fermented liquid*

chuścioki - gęste zarośla - *dense thickets*

chybio - brakuje - *lacking; missing*

chyboj! - idź, pójdź! - *go!*

ciarać - wymieniać coś na coś - *to exchange one thing for another*

ciert - diabeł - *devil*

cieślica - siekiera ciesielska - *carpenter's hatchet*

cisawy - szaro-czerwony - *chestnut color; grey-red color*

ciskać - rzucać - *to throw*

ciućmok - niedojda - *lout, bumpkin*

ciupać - ciąć na kawałki - *to cut in to pieces*

ciupaga - góralska laska z toporkiem - *highlander stick with hatchet*

ciyrpiałka - krzyż przydrożny - *roadside cross*

ckliwo - tęskno - *sadly, yearningly*

cliwki - łaskotki - *tickles*

ćma - mrok, ale i owad - *darkness, but also a moth*

cnić - tęsknić - *to hanker, to long after*

cobyk - żebym - *if only*

corek - miejsce, kąt, odgrodzone w stajni - *enclosed area or corner in barn*

cosi - coś, ale również rzecz niewiadoma - *something, but also something unknown*

cosi kajsi - coś gdzieś - *something someplace*

cosi kiejsi - coś kiedyś - *something sometime*

cuba - coś zebrane do kupy, np. włosy, również łagodny szczyt góry - *something gathered into a pile, for example, hair, or gently-sloping peak of mountain*

cubrzyć - nękać, targać za włosy - *to annoy, to pull by the hair*

cucha - płaszcz góralski z sukna, zdobiony wyszyciami - *embroidered highlander overcoat made of wool*

cudny - dziwny - *strange*

cudzić - przesiewać - *to sieve*

cujnos - szpieg pański, donosiciel - *lord's spy, informer*

cyfrowanie - ozdobne wyszywanie, także wariacje muzyczne - *decorative embroidery, also musical variations*

cympieć - wytrwale nad czymś siedzieć, czekać - *to sit and wait patiently for something, to wait*

cyrgiel - próchno drzewne - *wood dust*

cyrhla - polana po wyrębie drzew - *a field after trees have been cut down, a forest clearing*

cysto piyknie - całkowicie - *completely*

cytać - liczyć - *to count*

D

dawań - miejsce karmienia owiec na dworze - *place outdoors where sheep are fed*

despekt - dokuczliwość - *spite, vexatiousness*

do cna - całkowicie - *completely, entirely*

do cudu - nad podziw - *admirably, wonderfully*

do imentu - całkowicie, do ostatka - *completely, to the last*

do kiela - pokąd - *until*

dolski - człowiek z nizin - *person from the valley, plainsman*

dołu - na dół, w dół - *downward*

doły - ziemie nizinne - *land in valley, plain*

domolny - uprzykrzony - *irksome*

donga - klepka - *block, board*

dopaść - złapać - *to catch, to seize*

dorbiś - łajdak - *scoundrel*

dosiela - dotąd - *hitherto, up to here*

dotela - dotąd - *hitherto, up to here*

dowić - dusić - *to throttle, to squeeze, to choke*

dowka - dań, podatek - *levy, tax, duty*

dowutnie - z pewnością - *certainly*

dójka - owca dająca mleko - *milch ewe*

drapa - niewielki, rzadki lasek iglasty - *small, sparse coniferous forest*

druzcka - druhna - *bridesmaid*

drzewiej - dawniej - *formerly, at one time*

drzewsy - dawny - *ancient, former*

drzyć sie - wrzeszczeć - *to yell, to shout*

drzyzdzyć - rozdrabniać drzewo na drzazgi - *to cut wood into slivers*

dudek - pieniądz - *money, coin*

dudlok - mówiący byle co - *saying any old thing, babbler*

dudławy - pusty w środku, wydrążony lub wygniły - *empty inside, hollowed out or rotted*

dudosek - dudziarz, kobziarz - *piper, bagpipe-player*

dudrać - robić coś niezdarnie - *to do something clumsily*

durkać - uderzać, popychać - *to hit, to push and shove*

---

durny - pyszny - *proud, stuck-up*
dusnota - kaszel - *cough*
dujawica - bardzo silny wiatr - *a gale*
durnieć - wynosić się nad innych - *to lord over everyone*
durzyć - fermentować, poruszać w środku - *to ferment, to stir in the middle*
dychawica - astma - *asthma*
dychol - tchawica - *windpipe, trachea*
dyć - przecież - *after all, nevertheless*
dyrdać - biec, trząść się - *to scurry, to run like mad*
dziady - stare łachy, rupiecie - *old rags (clothing), junk*
dziawraga - nędznik - *rascal, rogue, scoundrel*
dziedzina - wieś - *village*
dzielba - podział - *division, section*
dzier-zyć sie - trzymać się - *to hold one another*
dziewcerz - szwagier - *brother-in-law*
dziwaśka - byle gdzie - *wherever*
dziwaśkie - byle kiedy - *whenever*
dziwozony - legendarne boginki - *legendary goddesses*
dziyska - drewniana beczółka do wyrabiania ciasta i na mleko - *small wooden barrel for making dough and for holding milk*
dziywka - dziewczyna - *girl*

E

edyć - przecież - *after all*
esy - wycięte w drzewie ozdoby, także elementy drzwi - *woodcut designs, also the designs on a door*

F

faflok - tłuścioch - *fatty*
fafrać - niezrozumiale bełkotać - *to jabber incomprehensibly*
fafryngi - strzępy - *rags, tatters*
fagulny - niepewny - *uncertain*
fałat - kęs, kawałek - *piece, morsel*
fałesny - fałszywy - *false*
fara - kościół parafialny - *parish church*
farbanica - lniana, farbowana w domu spódnica - *linen skirt dyed at home*
fatrynga - drzazga - *sliver, splinter*
ferecyna - pierzasta paproć (Filices) - *leafy fern (Filix)*
ferula - drewniane mieszadło - *wooden stirrer*
fidrygoł - wiercipięta - *fidget*
flarzyć - marnotrawić - *to waste, to squander*
folus - zakład filcowania tkanin z owczej wełny - *factory which makes felt from wool*
fontry - grymasy - *grimaces, wry faces*

frejerka - kochanka - *mistress*

frantowski - światowy, nie góralski - *wordly, not highlander*

fras - zmartwienie, ale i śmieci - *worry, but also garbage, rubbish*

frombije - taśmy przy torbie wiązane na piersiach - *bands of a bag worn on the chest*

fto - kto - *who*

ftory - który - *which*

fuceć - dyszeć - *to breathe hard, to pant*

furceć - warkotać - *to whirr, to drone*

furka - wóz z rozpiętym na kabłąkach płóciennym daszkiem - *a wagon with a canvas top open at the sides*

furkać - fruwać - *to fly*

fyrceć - rozlatywać się na kawałki - *to fall to pieces*

G

gacie - kalesony - *drawers*

gacopiyrz - nietoperz - *bat*

gadzik - ozdobna forma wężyka stosowana w rzeźbie i hafcie - *decorative wavy line in sculpture and embroidery*

gadzina - drób domowy - *poultry-farm*

gajno - stado - *herd, flock*

gajs - nafta - *kerosene*

---

garady - drewniane rury melioracyjne - *wooden drainage pipes*

garlaty - wrzaskliwy - *boisterous, loud, shrill*

gazda - gospodarz - *farmer*

gazdówka - gospodarstwo - *farm*

gaździna - gospodyni - *housewife*

gęglawy - jąkała - *stutterer*

gibki - giętki - *pliable, elastic*

gicoły - kości odnóży - *limb bones*

gieleta - naczynie drewniane - *wooden eating utensil*

giry - czerwone ozdobne płaty sukna przy chomącie końskim - *decorative pieces of red cloth on a horse collar*

gizd - człowiek nieporządny - *untidy person*

glajcorz - człowiek ubogi - *poor person, pauper*

glewieć - marznąć - *to freeze*

głobiś - oszust, krętacz - *cheat, swindler*

głowoc - mała ryba w potokach górskich, mini dorsz - *small fish in mountain streams, small cod*

głuchoń - cietrzew, głuszec - *black grouse, grey hen, wood grouse*

gma - mgła - *fog, mist*

gnatki - przednia część towarowych sań góralskich - *front part of highlander's freight sleigh*

godnie - dużo - *much, many*

godnik - styczeń - *January*

gody - święta Bożego Narodzenia - *Christmas holidays*

godziniar - zegarmistrz - *watchmaker*

godzinik - zegar - *watch*

gongol - podgardle u ptaka - *underside of a bird's bill*

gore - pali się - *fire!*

gorzołka - wódka - *vodka*

gowiydź - drobny inwentarz domowy - *inventory of small things at home*

grabincok - żłóbek dla owiec ze szczebelkami - *small feeding trough with rungs used for sheep*

grapa - wzgórze częściowo porośnięte lasem - *knoll partly with trees*

graźń - ciemna jama - *dark cave*

graźnia - dziura w skale - *hole in a rock*

gromnicnik - luty - *February*

groń - szczyt wzgórza - *summit of a hillock*

gruda - bochen sera owczego z jednego udoju - *large piece of sheep cheese from one milking*

grudzielnica - lniana płachta, na której formuje się grudę - *linen cloth on which a gruda is shaped*

grule - kartofle - *potatoes*

grulisko - pole po wykopanych ziemniakach - *field after the potatoes have been dug out*

grymple - przyrząd do pasmowania wełny, czesania - *device for combing wool*

gryzula - inaczej korpiyle, rodzaj białej rzepy - *type of white turnip*

guda - świnia - *pig, hog*

gurmanica - długa cucha z grubego sukna wzoru węgierskiego - *a long overgarment of thick woollen cloth patterned after a Hungarian design*

gwara - mowa regionalna - *dialect*

gwarny - rozmowny - *talkative, garrulous*

gwarzyć - mówić, rozmawiać - *to talk*

gwozdać - zbabrać, źle wykonać - *to botch, to do badly*

gwiazda - w rzeźbie rozeta - *a rosette in sculpture*

gwoździelnica - narzędzie kowalskie - *blacksmith tool*

gwizd - przerwa w szeregu przednich zębów - *space in the middle of the front teeth*

gynśle - skrzypce - *fiddle, violin*

gzić sie - brykać - *to set of at a run, to cut and run*

H

habryka - tytoń - *tobacco*

haciar - źrebak - *colt*

haić - wysoko cenić - *value highly*

hajnica - łąka wśród zaoranych pól - *meadow among ploughed fields*

hamernik - hutnik - *ironmaster*

hamisko - tokowisko głuszców - *tooting-grounds of grouse*

hamry - kuźnice, huty - *ironworks, steelworks*

hań - tam - *there, over there*
haństela - stamtąd - *from there*
hańtyn - tamten - *that one*
hańtyndy - tamtędy - *that way*
haraśny - ładny - *pretty, lovely, attractive*
harenda - dzierżawa - *lease, rent, tenancy*
harnaś - przywódca zbójników - *leader of high-lander robbers*
hasent - korzyść - *benefit*
hasnować - posłużyć, korzystnie zadziałać - *to help, to affect profitably*
haw, hawok - tu - *here*
hawiorz - górnik - *miner, coalminer*
hawrań - gawron - *rook*
hawtyndy - tędy - *this way*
heboj haw - chodź tu - *come here*
heciok - awanturnik - *trouble-maker, brawler*
hejta - w prawo (nakaz dla konia) - *to the right, command to a horse*
het - daleko stąd - *far from here*
hipkać - skakać - *to jump up and down*
hoćka - byle gdzie - *anywhere, no matter where*
hojco - byle co - *anything, any old thing, no matter what*
hojto - byle kto - *anybody, anyone*
hojtory - byle który - *whoever, whomever*
hole - pastwiska górskie (ogólnie - góry) - *mountain pastureland, also mountains in general*

---

holny - ciepły wiatr południowy - *warm south-ern wind*

holof - hałas, krzyk - *noise, a shout*

honem - biegiem - *at a run*

honielnik - goniec, naganiacz owiec - *messenger, sheep beater*

honorność - ambicja, sława - *ambition, fame*

horar - strażnik górski - *mountain guard*

hore - w górę - *upwards*

hotar - pastwisko, większa przestrzeń - *pasture, wide space*

hować sie - żyć - *to live*

hrom - piorun - *lightning*

huć - chęć - *wish, desire*

hurma - gromada ludzi, tłum - *gathering, crowd*

huziać - kołysać - *to swing, to sway*

hyrba - grzbiet góry - *mountain ridge*

I

igrać sie - bawić się - *to play*

ikrzyca - samica łososia lub innej ryby - *female salmon or other fish*

iment - całość (do imentu - zupełnie) - *entirety, a whole, completely*

ino - tylko - *only, just, barely, quite*

inyndyl - gdzie indziej - inna droga - *somewhere else - another road*

is? - widzisz? - *see?*

iskać - szukać we włosach pasożytów - *looking for parasites in hair*

ispenta - dyspensa kościelna - *church dispensation*

istność - rzeczywistość, istnienie - *reality, existence*

isty - rzeczywisty - *real*

iście - rzeczywiście - *really, indeed*

iścizna - kapitał, kwota pożyczki - *capital, amount of a loan*

J

jacy - tylko - *only, just, merely*

jadwiyntowy - grudzień - *December*

jadźwiga - samorodny hak drewniany - *natural wooden hook*

jafer - krzak czarnej jagody - *blackberry bush*

jagnica - dorosłe jagnię rodzaju żeńskiego - *mature female lamb*

jagnicka - miękka wełna jagnięca - *soft lamb wool*

jagnusek - baranek wielkanocny, również medalik - *Easter lamb, also holy medal*

jakóbski - sierpień - *August*

jałówka - młoda krowa przed pierwszym cielęciem - *young female cow before her first calf*

jankor - smutek, żal - *sadness, sorrow*

jar - wiosna - *spring*

jarki - ostry, szorstki - *sharp, rough, coarse*
jarmica - półka w stajni - *shelf in a barn*
jaruga - bajoro - *puddle, quagmire*
jarzec - jęczmień - *barely*
jasiyń - jesion - *ashtree*
jaślikorz - kolędnik - *caroller*
jata - zadaszenie - *roof, roofing*
jaz - przegroda na rzece - *division in a river*
jaze - aż - *until, as far as*
jedyniec, -ca, - jedynak, jedynaczka - *the only son, the only daughter*
juhas - pasterz owiec - *shepherd*
juzyna - podwieczorek - *five o'clock tea, afternoon snack*
jysny - żarłoczny - *greedy*

K

ka - gdzie - *where*
kany - dokąd - *where to*
kabyta - gdzieżby tam - *how could*
kajsi - gdzieś - *somewhere*
kałkuśnik - złodziej - *thief*
kamieniec - kamienisty brzeg rzeki - *rocky edge of river*
kapalina - bieda - *poverty*
kapce - zimowe buty z cholewami z sukna - *winter knee-boots of woollen cloth*

kapiniok - płaszcz - *overcoat*

kapliny - miejsca roztopionego śniegu - *areas of thawed snow*

karapentniok - niezdara, głupek - *oaf, dolt, dullard*

karby - deszczółka przekazywana od domu do domu z jakimś pismem - *board with writing conveyed from house to house*

katana - marynarka - *coat, jacket*

kaz - gdzież - *somewhere*

kidać - przerzucać nawóz lub śnieg - *to move manure or snow*

kie - kiedy - *when*

kieby - gdyby - *if*

kiejsi - kiedyś - *once*

kielo - ile - *how much*

kielo-telo-trochę, niewiele- *a little, not much*

kiełznońć - poślizgnąć się - *to slip*

kie-niekie - niekiedy, czasem - *sometimes, occasionally*

kierdel - stado owiec - *flock of sheep*

kijonka - wąska deszczółka z rączką do prania tkanin w potoku - *thin board with a handle for washing cloth in a strem, washboard*

kijoń - drewniany młot - *wooden hammer*

kis - kwas - *sourness, acid*

kiyrnicka - drewniane naczynie do robienia masła - *wooden churn to make butter*

kiyrny - pijany - *drunk*

kiyrpce - góralskie obuwie z jednego kawałka skóry - *mountaineer's shoes made of one piece of skin*

klince - gwoździe do przybijania podków - *nails for horseshoes*

klog - solona i wysuszona zawartość cielęcego żołądka (podpuszczka) - *salted and dried portion of calf rennets*

klogać - wytwarzać owczy ser przy użyciu podpuszczki - *to make sheep cheese with the help of rennets*

klub - miara lnu (9 kądziołek) - *measure of cloth, 9 distaffs*

kluka - żerdź z hakiem do wyciągania wiadra ze studni - *pole with a hook for taking out bucket from a well*

kluska - potrawa z owsianej lub jęczmiennej mąki - *dish made of oat or barley flour*

kłapace (turconie) - blaszane dzwonki dla owiec i krów - *small tin bells for sheep or cows*

kłobuk - kapelusz - *hat*

kłysce - dwie deseczki związane sznurem obejmujące zwitek sadła - *two boards tied with rope encompassing wad of lard*

kniysać - rozdrabniać, kawałkować - *to crumble, to break up to pieces*

kocie łapki - szarotki (*Leontopodium alpinum*) - *edelweiss*

kolca - zestaw dwóch kółek z dyszelkiem (do pługa) - *implement with two small wheels and a thill for ploughing*

kolesor - kołodziej - *wheeler, wheelwright*

koliba - szałas w górach - *mountain shed*

kolwicek - podobnie jak - *similar to*

kołdos - obżartuch - *glutton*

kołomoź - smar do osi kół - *grease for wheels*

kołysać - *to swing, to sway*

komora - izdebka obok domu, magazyn domowy - *small room beside a house, storeroom*

końdek - trochę - *a little*

kopa - zaokrąglona góra, również stóg siana - *rounded mountain, also haystack*

kopyrtać - wywracać - *to overturn*

korpiyle - biała brukiew - *white turnip-rooted cabbage*

korónka - różaniec - *rosary, rosary beads*

kosok - sierp - *sickle*

kosołka - koszyk owalnego kształtu z kabłąkowatym uchwytem - *oval basket with a hooped handle*

kosor - zagroda z żerdzi dla owiec - *enclosed fence of poles for sheep*

kosówka – kosodrzewina *(Pinus pumilio)* - *dwarf mountain pine*

kostki - ozdoba góralskiego kapelusza - *ornament on a mountaineer's hat*

---

kotecki - bazie wierzbowe - *aments of a willow*
kotlik - kociołek - *small pot*
kotwi sie - tęskno - *sadly, yearningly*
koza - kobza, także zwierzę oraz areszt - *bagpipe, also an animal or prison*
koziar - myśliwy polujący na kozice górskie - *hunter hunting for mountain goats*
koziato - nierówno - *uneven*
kónać - dokonywać, działać - *to carry out, to do, to act*
kraj - brzeg - *edge*
krapka - trochę, niewiele - *a little, not much*
krowiorka - dziewczyna pasąca krowy na hali - *girl tending cows on a mountain pasture*
królicka - góralska fajka z kogutkiem na po-krywce - *a mountaineer's pipe with a rooster on the lid*
krzesanice - strome, prawie prostopadłe skały - *precipitious, almost perpendicular cliffs*
krzesnomatka - matka chrzestna, także forma zwracania się do starszych kobiet - *godmother, also form of address to old women*
krzesnyociec - ojciec chrzestny i j.w. - *godfather, also form of address to older men*
krztoń - krtań - *larynx*
krzypota - kaszel - *cough*
krzyze - dolna część kręgosłupa - *small of the back*

krzyźwy - trzeźwy - *sober, clear-headed*
ku - do, w pobliże - *to, nearby*
kufa - pysk - *mouth, snout, muzzle*
kukać - zaglądać (ale zazula też "ku-ko") - *to look, peep, peer, but also cuckoo*
kumoterki - małe dwuosobowe sanie góralskie - *small mountaineer's sleigh, two seater*
kurniawa - zadymka śnieżna - *snowstorm, blizzard*
kuśtyga - kulawy - *lame, limping*
kwaśnica - sok z kiszonej kapusty, także potrawa - kapuśniak - *juice from sauerkraut, also dish - kapuśniak (cabbage soup)*

L

lajśnia - listwa - *slat, ledge*
laksować - przeczyszczać, mieć rozwolnienie - *to cleanse, to purge, to have diarrhea*
lamocić - nalegać - *to insist, to urge*
lebo - albo - *or*
lejba - ulewa - *downpour*
lejbuś, lejbucek - urwis, psotnik - *urchin, scamp, jester, joker*
lepieska - trzyletnia owca, po pierwszym jagnięciu - *three-year-old sheep after the first lamb*
lewusia - gąska - *young goose*
leżuch - belka poprzeczna nad drzwiami lub oknem - *traverse beam over door or window*

lić - wiosenna powódź - *spring flood*

limba - gatunek sosny (*Pinus cembra*) - *a type of pine*

liskarka - owca z rudawym zabarwieniem wełny - *sheep with russet-colored wool*

lo (skrót dla) - dla - *for*

loftki - gruby śrut do strzelby - *large buckshot for a rifle*

lonik - wykuty gwóźdź żelazny - *wrought-iron nail*

lotajka - wahadło zegara - *pendulum in a clock*

luśnia - okuty kij podtrzymujący lytry na wozie - *nailed pole supporting ladders (lytry) on a wagon*

luto - żal - *sorrow, grief*

lutosierny - litościwy - *merciful, compassionate*

lutry - odra (choroba dziecięca) - *measles, childhood illness*

lygać - kłaść się - *to lie down*

lym, lymze - dopiero, dopiero co, ledwo - *only, hardly*

lyska - leszczyna (*Corylus avellana*) - *hazel, filbert*

lytry - drabiny zakładane na wóz jako osłony boczne do wożenia siana i zboża - *ladder used as a side guard on a wagon carrying hay or grain*

lytrzok - wóz drabiniasty - *rack wagon*

Ł

łacno - łatwo - *easy*

łacny - głodny lub nie najedzony do syta - *hungry or not having eaten one's fill*

łachmanda - nicpoń - *good-for-nothing*

ładniak - pion murarski i ciesielski - *bricklayer's or carpenter's plummet*

łagiew - baryłka - *small barrel*

łapić - złapać - *to catch*

łatasek - półpanek - *petty squire*

łaz - oczyszczone z krzaków miejsce pod uprawę - *area cleared of brushes prior to cultivation*

łoić - smarować, ale też bić - *to smear, and also to hit*

łokietek - zwój nici lnianych zawierający 20 pasm - *roll of linen thread having 20 strands*

łoni - zeszłego roku - *last year*

łożnica - tyfus - *typhus, typhoid fever*

łupawica - rozpołowiony wzdłuż klinami pień drzewa - *tree trunk split down the middle by a wedge*

łupiyrz - złodziej, łupieżca - *thief, plunderer*

łycok - młody chłopak - *young boy*

łygotać - łaskotać, w przenośni: bić - *to tickle, in figure of speech, to hit*

łyżnik - deszczółka z otworami na łyżki - *spoon rack*

M

maćkać - wypraszać pokornie - *to humbly entreat someone*

macharzyna - wysuszony pęcherz zwierzęcy - *dried bladder of an animal*

malinioki - duże głazy odpadłe z turni - *large stones fallen from a crag*

mamlac - pleciuga - *tattler, gossip (n.)*

mamuna - coś, co prowadzi człowieka na złą drogę - *something which leads a person down the wrong path*

marnota - marność - *uselessness, futility*

marny - nie najlepszy - *not the best*

masny - tłusty (potrawa) - *greasy, food*

matafijo - kłótnik, zadziora - *brawler, blusterer, brawler*

matura - skłonność, natura - *inclination, nature*

medytować - rozmyślać - *to think about, ponder*

mersena - drab - *ruffian, soundrel*

miechur - skórzany woreczek na tytoń - *leather pouch for tobacco*

miechy - w przenośni płuca - *figure of speech for lungs*

miedzuch - zadaszone przejście między domem a stajnią - *passage between a house and barn, under the roof*

mierynda - zapas żywności - *stock of food*

mieryndzać - przeżuwać - *to chew*

mier-zić - obrzydzać - *to make repugnant*

mila, mielerz - miejsce wypalania węgla drzewnego - *charcoal kiln*

miloński - wyjątkowo duży - *unusually large*

minońć - wydać np. pieniądze - *to spend; for example, money*

minońć sie - umrzeć - *to die*

mincyrz - rodzaj wagi - *type of scale*

miyntolić - miąć - *to crumple, to crush up*

miyra - zwyczajowy obrzęd przy wypasie owiec, miara, ugoda - *customary ceremony at pasturage of sheep, measure, agreement, settlement*

miyrkać - mroczyć, sciemniać - *to darken*

miyrwa - pomięta słoma, ale i wzór zdobniczy (krzyżujące się kreski) - *crushed straw, but also design of criss-crossing lines*

miysorz - rzeźnik - *butcher*

młaka - teren zalany wodą - *flooded region*

młoduska - panna młoda - *bride*

moc, mocki - dużo - *much, many*

mocydło - staw, w którym moczy się len - *pond in which linen is soaked*

modzele - odciski na dłoniach - *corns on palms*

mojki - młode pąki na smreku - *young buds on a spruce*

mokwa - moczar - *bog, marsh, swamp*

---

morowica - krew zmarłego - *blood of a dead person*

moryngowaty - pręgowaty - *striped*

morzysko - ucisk w piersiach - *pressure in the chest*

moskol - placek owsiany lub jęczmienny - *oat or barley pancake*

mrawceć - miauczeć - *to meow, to mew*

mraźnica - zagroda z kamieni dla owiec - *sheep enclosure of stones*

mrowcyca - mrówka - *ant*

msorz - rzemieślnik uszczelniający szpary między belkami w domu - *craftsman sealing up cracks between beams in a house*

msyć - uszczelniać szpary - *to seal up cracks*

mularka - murarka - *female bricklayer*

murowanica - murowany dom - *brick house*

musyca - duża mucha - *large fly*

muzycy - muzykanci - *musicians*

muzyka - 1) muzyka 2) góralski zespół muzyczny 3) potańcówka - *1) music 2) musical group of highlanders 3) a dance*

myndel - 16 sztuk - *16 pieces*

myrknońć - napomknąć - *to hint, to allude*

myrsina - brzydactwo, padlina - *ugly, carcass, corpse*

myrsnońć - odrzucić od siebie, rzucić na ziemię - *to throw off, to throw on the floor*

N

naganobić - zdobyć pracę - *to get a job*

nagodzić - uczynić coś dla człowieka ("Pon Bóg mi nagodziył") - *to do something for a person ("God did something for me.")*

najść - znaleźć - *to find*

nałymować - korygować zwichnięcia kości - *setting dislocated bones*

naozaist - w istocie, naprawdę - *truly, really*

na podorędziu - w zasięgu ręki - *within reach*

napodzioć sie - spodziewać sie - *to hope, to expect*

na poły - na pół - *in half*

naprać - bezładnie narzucać - *to throw on in a disorderly fashion*

napytać - uprosić - *to ask, to request*

na raty - na gwałt - *at once, instantly*

nart - podbicie stopy - *instep*

naski - swój - *your, my, one's, mine*

nastyrmany - poukładany byle jak - *laid out in any which way*

nawarzyć - ugotować, ale też wywołać kłopot - *to cook, prepare a meal, and also to cause trouble*

nazdać sie - zorientować się - *to get one's bearings*

nei - no i ... - *and so (what will you do, what else, etc.)*

nieborka - nieboszczka, biedaczka - *deceased woman, poor woman*

niechać - pozostawić - *to leave, to abandon*

niecółka - korytko drewniane - *wooden feeding trough*

(z) niedobocka - niespodziewanie - *unexpectedly, unawares*

niedomozek - cherlak - *sickly person, weakling, invalid*

niemoc - choroba - *illness, disease*

niepeć - źle - *wrong, badly*

niepilok - obcy - *stranger, foreigner*

nieprecki - niedaleko - *not far*

nierobiś - próżniak - *idler, loafer*

niesimfrany - cnotliwy - *virtuous, chaste, righteous*

nieskoro - późno - *late*

niesopust - karnawał - *carnival*

niewiestka - synowa - *daughter-in-law*

niewolnica - padaczka - *epilepsy*

nifto - nikt - *nobody, no one*

nika, nikany - nigdzie - *nowhere*

niuktać - wywąchiwać, szukać - *to nose out, to seek, to look for*

niźni - dolny - *bottom, lower*

no, no ba haj! - przecież tak - *of course, sure*

nodołek - spód kobiecej koszuli - *bottom part of woman's shirt*

noinaksy - całkowicie inny - *completely different*

nojść - znaleźć - *to find, to discover*

nolepa - przymurówka przy piecu - *annex to a stove*

nomówiny - góralskie oświadczyny i ugoda przedweselna - *mountaineer declarations and pre-wedding settlement*

noremny - gwałtowny - *violent, hotheaded, impetuous*

nosić sie - prezentować się wobec innych - *to present oneself before others*

nowik - początek pierwszej kwadry księżyca (wypukłość na prawo) - *the beginning of the first quarter of the lunar period, salience, protuberance on the right*

nowoleć - najbardziej lubić, chcieć - *most liked, most wanted*

nuk - wnętrze - *interior, the inside*

nukać - usilnie zachęcać do jedzenia - *persistently encouraging to eat*

nura - pysk, morda - *mouth, snout, muzzle*

nuta - melodia - *melody*

ny - masz, weź - *take this*

nyciez - weźcież - *please take this*

O

obdolno - daleko - *far, far off, far away*

obdaśnica - daszek nad wejściem do domu - *small roof above entrance to a house*

obieś - nicpoń - *good-for-nothing, scallawag*

oblanka - kolorowy sznurek przy odzieniu - *colored string on clothing*

obocyć sie - oprzytomnieć, spostrzec się - *to regain consciousness, to become aware*

obońka - płaska beczółka - *small level barrel*

obora - podwórze gospodarstwa - *farm-yard, barnyard, poultryyard*

obsirkar - fałszywiec - *deceiver, pretender*

obstarny - postarzały - *grown old, aged*

obstorny - szeroki, pojemny - *wide, roomy, spacious*

obtółki (dawne złóbcoki) - skrzypce korytkowe - *ancient fiddle*

obyrtac - krętacz - *shuffler, wriggler*

obytem - ciągle - *continually, constantly*

ocel - stal - *steel*

ochlebotać - obluźnić w otworze - *to loosen an opening*

ocydzarka - deseczka z otworami - cedzak - *board with openings - drainer*

ocymniynie - okamgnienie - *twinkling of an eye, split second*

oćwiora - potwór - *monster, freak*

odkoz - przekazana przez trzecią osobę wiadomość - *information conveyed through third party*

---

oduziomek - pień drzewa przy ziemi - *stump of tree close to the ground*

odwiecerz - pora dnia przed zachodem słońca - *time of day before the setting of the sun*

odziywacka - chusta, część kobiecego ubioru - *shawl, part of woman's dress*

ogłobić - zaklinować - *to wedge up, to jam*

ojcyzna - ojcowizna - *patrimony, inheritance, heritage*

okaisty - łaciaty - *spotted*

oklepiec - metalowa pułapka na zwierzęta - *metal trap for animals*

okłacek - zwitek siana lub słomy - *roll of hay or straw*

okpiśny - zdradliwy, także kpiarski - *treacherous, also quizzical*

okrynglica - obtoczony przez wodę kamień - *pebbles*

omasta - okrasa, tłuszcz jadalny - *lard, edible grease*

omesne - najcieńsze płótno lniane - *thinnest linen cloth*

omier-znońć - obrzydnąć - *to become odious*

onacyć - nic nie znaczące słowo zastępujące wiele innych - *word meaning nothing which can be used in place of others*

onakwe - nieokreślone - *vague, undetermined*

opaternie - ostrożnie, starannie - *carefully*

oposek - zdobiony szeroki pas skórzany - *decorated wide leather belt*

oscypek - ser owczy uwędzony - *smoked sheep cheese*

osedziały - pokryty szronem, oszroniony - *covered with hoar-frost; frosted, hoary, rimy*

osobity - osobny, także osobliwy, niezwykły - *separate, individual, also quaint*

osotać sie - zorientować się - *to orient oneself, to get one's bearings*

ostomiyły - umiłowany - *beloved, dear, favorite*

ostrewka - żerdka z poprzecznymi patykami do suszenia siana - *pole with crosswise sticks for drying hay*

ośklawica - gołoledź - *glazed frost, glaze*

oślada - trop - *trail, track*

otawa - drugie siano - *second hay*

otukno - smutno, niesamowicie - *sadly, sorrowfully, strangely*

otymp - nieprzyjemny widok - *an unpleasant sight*

owłodza - wzięcie we władanie - *to take reign, to take over*

ozbuchany - nieopanowany, swawolny - *uncontrollable, impetuous, frolicsome*

ozcapiyrzyć - rozpostrzeć, np. palce w dłoni - *to spread out; for example, fingers*

ozeprać - rozrzucić - *to throw about, to scatter*

ozezarty - rozwścieczony - *furious, mad with rage*

ozflorzyć - roztrwonić - *to squander, to dissipate*
ozgrzywieć - posiwieć - *to turn grey*
ozłok - złocista poświata - *golden glow, glimmer, afterglow*
ozmazany - mazgaj - *dawdler, crybaby*
ozpajydzić - rozłościć - *to anger*
ozpłochać - rozpędzić np. stado - *to disperse; for example, a flock*
ozporzondek - testament - *testament, will*
ozpucyć - rozgnieść - *to crush, to squash*
ozwodno - jedna z nut, melodii, góralskich - *one strain of highlander melody*
oźrebać sie - opić się, nie koniecznie wódki - *to drink too much (not nec. vodka)*

P

pacesie - lepsza sorta lnu - *a better grade of linen*
pachołek - służący - *servant, domestic*
padać - mówić - *to say*
padać sie - pękać, np. skóra na piętach - *to crack, to split, as skin on heels*
pagródka - ziemne lub kamienne ogrodzenie koło domu - *earth or stone enclosure around a house*
paja - paszczęka - *mouth, muzzle*
pajta - zadaszenie - *roofing, roof*

palica - gruby kij - *thick stick*

pałazajta - ćwierć rozłupanego pnia drzewa - *quarter of a split stump of a tree*

pałuba - stara baba - *old woman, hag*

panewka - mały rondelek - *small pan*

panienka - biedronka - *ladybug*

papara - pijak - *drunkard*

papracka - czas deszczowy - *rain season*

paprzniok - kretyn - *moron*

paprzyca - otwór w kamieniu żaren, gdzie sypie się ziarno - *opening in stone quern in which grain is poured*

parenie - kręte, sękate pnie - *twisting, knotty stumps*

parobcyć - prowadzić kawalerski żywot - *to lead a bachelor's life*

parobek - kawaler - *bachelor*

parzondka - szczypiorek - *chive*

parzenica - ozdobne wyszycie na przodzie góralskich spodni - *embroidering on the front of highlander's pants*

paśkawa - złość - *anger, irritation*

patrzy sie - należy się - *one should, one ought to*

patycek - zapałka - *match*

pazdernik - chciwiec - *greedy person*

pazucha - kąt izby - połączenie płaz - *a corner of a room - where logs are joined*

pedzieć - powiedzieć - *to say*

pełć - tratwa z grubych pni - *raft of thick logs*

perć - ścieżka pod szczytami gór - *footpath under mountain peaks*

piec - pierwsze określenie parowozu - *the first term for a locomotive*

piorg - usypisko skalne - *mountain scree*

piporas - cybuch fajki - *pipe-stem*

pitwać - patroszyć - *to disembowel, to gut, to eviscerate, to draw*

pitwór - spiżarnia - *pantry, cupboard*

piyrwocas - początek - *the beginning*

piyrwyj - dawniej - *formerly, at one time, in the past*

plekać - karmić mlekiem bezpośrednio z piersi lub wymienia - *to breast feed or to milk from udder*

plemień - baran rozpłodnik - *sheep breed*

plorzyć - służyć, dogadzać - *to serve, to please, to accommodate*

ploso - głębina w rzece, również jezioro - *deep part of river or lake*

plugoc - paskudnik - *fright, ugly-looking person, pig, scoundrel*

płaśnia - łąka wśród lasów - *meadow in midst of woods*

płaza - belka na ściany domu - *beam for walls of a house*

płony - marny - *worthless*

płoscyca - pluskwa - *bed-bug, house-bug*

podłazy - tradycyjne odwiedziny po pasterce w domu dziewczyny - *traditional visits to a girl's house after midnight mass*

podły - kiepski zdrowotnie, rzecz złej jakości - *poor, second-rate, a thing of bad quality*

podoba - upodobanie - *liking*

podołek - podwinięty fartuch - *tuckedup apron*

podufały - zarozumiały - *conceited, presumptuous*

podwijołki - onuce - *cloth wrapped around feet serving as socks*

pohibość - lekkomyslność - *flighty, thoughtless*

pojeden - niektóry - *now and then, some*

pojedzinka - chusta do okrycia - *shawl, wrap*

poki - ospa - *smallpox*

pokiela - pokąd, dópoki - *as long as, until, till*

pokłymbnik - człowiek niezgodliwy - *quarrelsome person*

pokrony - z powodu - *due to*

poleku - powoli - *slowly*

polepa - wierzch trzonu pieca, na którym palił się ogień - *cover of a burning stove*

polywka - rosół - *broth, clear soup*

polednina - obiad - *dinner*

pomłody - drobne obłoki zapowiadające deszcz - *small clouds indicating rain*

ponieftory - poniektóry - *one now and then*

ponieka - gdzieniegdzie - *here and there, in places*

poniekielim casie - po pewnym czasie - *after a certain time*

ponknońć sie - przesunąć się - *to move, to shift*

popuścić - trochę puścić, także zrezygnować - *to let go a little, to give up*

porwaśny - skłonny do kradzieży - *disposed to robbery*

posiady - towarzyskie zebranie w domu - *friendly gathering at home*

posługować - wykonywać codzienne czynności koło domu i w szopie - *to perform daily chores about the house and in the shed*

posprzyc - poprzecznie - *crosswise, transversely*

posynońć - określenie na uraz nerwu kulszo-wego - *term for injury to sciatic nerve*

pośledni - ostatni - *the last one*

potela - dotąd - *until now, up to here, still, hitherto*

potrow (otawa) - drugi pokos siana - *the second harvest of hay*

poturać - poniewierać - *to hold someone in contempt, to ill-treat*

powała - sufit - *ceiling*

powodki - lejce - *reins*

poźryć - popatrzeć - *to look awhile, to have a look at*

pódź! - chodź! - *come!*

pódź haw - chodź tu - *come here*

---

pradło - bielizna do prania - *clothes to be washed*

praskać - rzucać - *to throw*

prawocić sie - sądzić się - *to be litigious*

prec - daleko (też - precki) - *far*

prefit - korzyść - *advantage, gain*

pringnóń - wyskoczyć jak na sprężynie - *to jump up as if from a spring*

proci - przeciw komuś - *against someone*

prociwa - osoba kłótliwa - *argumentative person, quarrelsome person*

prucki - zbiorowe skubanie pierza - *collective plucking of feathers*

przeklaśny - grymaśny, wymagający - *fussy, choosy, exacting, difficult to please*

przepatrzowiny - odwiedziny w domu dziewczyny na wydaniu - *calls at the home of a marriageable girl*

przepytować - przepraszać - *to ask pardon, to apologize*

przespać sie od kogoś - zajść z kimś w ciążę - *to become pregnant by someone*

przespanica - panna z dzieckiem - *unmarried woman with a child*

prześlagły - rozlazły, przemoknięty - *loose, soaked through, wet*

przetyrmanić - zmarnować np. majątek - *to waste, to fritter away, e.g. wealth, money*

przeumarcie - letarg - *lethargy*

przezegnać - pobłogosławić - *to bless*

przeziyradło - lustro - *mirror*

przybocyć - przypomnieć - *to remember, to recollect*

przycynić - dodać do czegoś - *to add to something*

przykopa - młynówka, koryto ziemne doprowadzające wodę - *mill-race, channel in ground that carries water*

przypiecek - ława murowana obok pieca - *brick bench by a stove*

przypory - dwa pionowe otwory poniżej pasa w spodniach góralskich - *two vertical openings below belt in mountaineer's pants*

przysmyndzić - nadpalić - *to scorch*

przystać (na coś) - zgodzić się - *to agree to something*

przyzynić sie - zamieszkać po ślubie w domu żony - *to take up residence in wife's home after marriage*

psota - słota, niepogoda - *bad weather, inclement, foul weather*

puciyra - większe naczynie drewniane, rodzaj beczki - *large wooden recepticle, a type of barrell*

pucyć - gnieść - *to press, to crush, to mash*

puk - zaduch - *stink, fustiness, stuffy air*

pur - taczki - *wheel-barrows*

putnia - drewniane naczynie o przekroju owalnym - *oval wooden dish*

pyrnicka - miękka wełna z młodej owcy - *soft wool from a young sheep*

pytace - pierwsi drużbowie zapraszający na wesele - *people who extend invitations to the wedding*

pytać - prosić, zapraszać - *to ask, to request, to invite*

R

radośniki - uroczystości z okazji chrzcin - *celebration of a baptism*

radu być - lubić - *to like, to be fond of*

rafać - drapać - *to scratch, to scrape*

rajtok - skopiec drewniany, naczynie na mleko - *wooden pail for milk*

rajwak - hałas - *noise, din, hubbub*

rańtuch - lniane okrycie kobiece - *linen cloth to dress a woman*

recica - sito do przesiewania piasku - *sand trainer*

reciozki - kajdanki - *fetters, handcuffs*

redyk - przegon owiec - *a drive of sheep*

regle - pokryte lasem podnóża wysokich gór - *forest-covered slopes of high mountains*

rod widze - lubię (zastępuje słowo "kocham") - *I like you, replaces the phrase "I love you"*

rosolis - słodka wódka - *sweet vodka*

rózcka - ozdoba w formie sztucznego kwiatu lub bukietu - *decoration in the shape of an artificial flower or bouquet*

rumiska - porozrzucane w nieładzie głazy - *stones scattered in disorder*

ruń - wiosenna trawa - *spring grass*

rychlik - wczesny owies - *early oats*

ryma - katar - *catarrh*

ryzowanie - rzeźbienie w drzewie piętką siekiery (cieślicy) - *carving in wood at the back of a carpenter's axe*

rzepa - ziemniaki (w części Podhala) - *potatoes (in a region of Podhale)*

rzoz - miejsce przecięcia drzewa - *spot on a tree where it was cut*

rzyć - tyłek - *ass, behind, posterior*

rzytowie - dolna część snopa zboża - *bottom part of sheaf of grain*

S

sabaśnik - piekarnik blaszany w piecu - *tin cooking oven in stove*

sadzelina - szron na skałach i drzewach - *hoar-frost on rocks and trees*

sakowity - rozmaity - *various, varied*

sałas - szopa pasterska na hali - *shepherd's shed in a mountain meadow*

sarłooki - zezowaty - *squint-eyed, cross-eyed*

scypki - drzazgi odłupane z polana - *slivers chipped off log*

scyrbaty - człowiek z ubytkami w uzębieniu - *person with tooth loss*

seliniejaki - różnorodny - *various, varied struggle*

serdok - kożuch, bez rękawów, często zdobiony - *sleeveless sheepskin coat, frequently ornamented*

sfornik - kuty gwóźdź - *forged nail*

siachlyrz - oszust - *cheat, swindler, crook*

siargacka - taplanie się w błocie - *to dabble in mud*

siargoś - włóczęga - *tramp, rover*

siedzieć - zajmować pozycję siedzącą, ale również mieszkać - *to assume a sitting position, but also to reside, to inhabit*

siepać sie - szarpanie sie - *to struggle*

sietniok - kaleka - *cripple, invalid*

siklawa - wodospad górski - *mountain waterfall*

siocie - zboże do siewu - *grain for sowing*

siompawica - drobny, długotrwały deszcz - *light, longlasting rain*

siumny - dorodny - *handsome, goodlooking, shapely*

siuta - bez rogów, np. owca - *sheep without horns*

siyhła - torfowisko - *peat bog, turbary*

skapieć - zemrzeć - *to die*

skondeś? - skąd jesteś? - *where are you from?*

skorusa - jarzębina - *rowan tree*

skórłot - wymię owcy - *under of a ewe*

skrobiec - mały nożyk do obierania, skrobania, ziemniaków - *small knife for pealing, scraping potatoes*

skrony - skrość - z powodu - *because of*

skrzele - rondo u kapelusza, również rybie skrzele - *brim of a hat, also gill of a fish*

skrzepić - wzmocnić - *to strengthen*

skrzyzal - duży kamień - *a large rock*

słuchanica - konfesjonał - *confessional*

słyna - wieść - *to lead, to take somewhere*

smatka - chustka na głowę - *kerchief for the head*

smrek - świerk - *spruce*

smyndzić - dymić - *to smoke, to reek*

sochoce - sterczące kikuty gałęzi - *projecting branches*

sodza - areszt - *arrest, jail*

sonsiek - drewniana skrzynia na zboże - *wooden bin for grain*

sopa - stajnia - *barn, stable*

sosrymb - rzeźbiona belka podsufitowa - *carved ceiling beam*

sosrymbiki - belki wzdłużne sufitowe - *longitudinal ceiling beams*

spaszt - osadowy piaskowiec z wyraźnymi warstwami - *sedimentary sandstone with visible layers*

spiórcyć - postrzępić - *to tear to rags, to fray*

sponga - listwa łącząca - *connecting slat*

spólnik - sąsiad - *neighbor*

spyrka - słonina - *pork fat, bacon*

sroga - noga w zabytkowym stole - *leg of antique table*

stalić - hartować - *to temper, to harden*

stamtela - stamtąd - *from there*

starasić - zdeptać - *to trample down, to crush with one's foot*

statek - bydło i sprzęt domowy - *cow and household furnishings*

stawiać sie - budować swój dom - *to build one's house*

stempa - drewniany młot poruszany wodą - *wooden hammer moved by water*

stolnica - niski stół - *low table*

stołoncać sie - pętać się z miejsca na miejsce - *to wander about*

stryk - brat ojca - *paternal uncle*

stryngacić - kruszyć ser na bryndzę - *to crumble cheese for bryndza*

stryno - żona stryka - *aunt of one's paternal uncle*

stulać - przymykać, np. powieki - *to squint, to hold one's eyes half shut*

stulać sie - stoczyć się z góry na dół - *to tumble down from a mountain to the bottom*

stustela - stąd - *from here, from there*

strzyzka - owca - *sheep*

styrmać sie - wspinać się - *to climb*

suchorz - uschłe drzewo - *withered tree*

suć - sypać - *to pour, to sprinkle*

sulok - gliniany lub żeliwny garnek o walcowatym kształcie - *cylindrical clay or cast-iron pot*

sumar - osioł - *donkey, ass*

sumik - krótka płaza - *a short log*

suścić - szeleścić - *to rustle, to sough*

swond - przykry zapach spalenizny - *offensive odor of burning*

swok - mąż ciotki, matki siostry, także forma grzecznościowa - *uncle (the husband of a maternal aunt), also a form of polite address*

syćka - wszyscy - *everybody, everyone, all of us*

syndyl - wszędzie - *everywhere*

sypaniec - piwniczka w ziemi - *cellar in the ground*

sypłać - wybierać palcami - *to pick out with one's fingers*

syrzć - wszerz - *wide*

syrzyna - szmatka do cedzenia mleka - *cloth for straining milk*

sysola - opowiadający bzdury - *prattler*

Ś

ścieć (teren pod mile) - mielerz do wypalania węgla drzewnego - *area under charcoal kiln*

ściślok - skąpy człowiek - *miser, stingy person*
ściybło - źdźbło - *blade of grass, stalk*
śknąć - spryskać płynem - *to spray with liquid*
śleboda - wolność - *freedom*
ślezaje - ramy półki - *shelf frames*
śliwac - odlewacz metali - *cast metal form*
ślyptok - niedowidzący - *short-sighted, blind*
śmioć się - również żartować - *to joke around*
śnik - z nich - *from them*
śperliwy - podejrzliwy - *suspicious, distrustful*
śpihować - szpiegować - *to spy upon,*
  to shadow
śpik - sen - *dream (n.)*
śpizok - dzwonek - *bell*
śręzoga - mgła poranna - *morning fog*
śródpołu - w południe - *at noon, midday*
śródwiecerz - pora między południem a zachodem słońca - *time between noon and sunset*
śtretnąć - spotkać - *to meet*
śtuder - spryciarz - *artful dodger*
śtyrbnie - stromo, trudno - *steeply*
świabliki - zapałki - *matches*
świarny - ładny, dzielny - *pretty, courageous*
świdrowaty - zezowaty - *cross-eyed, squint-eyed*
świecny - prosty jak świeca - *straight as a candle*
świnscoki - drewniane buty - *wooden shoes*
świyncelina - święcone, potrawy na Wielkanoc
  - *Easter dishes*

świyrcki - łzy - *tears*
świyrk - modrzew - *larch tree*

T

tabak - tytoń - *tobacco*
takućko - dokładnie tak samo - *exactly the same*
targać - drzeć, zrywać - *to tear, to tear off*
tele dole - tak daleko - *so far, a long distance*
telecki - taki mały - *so small*
teli - takiej wielkości - *such a size*
telo - tyle - *so much, so many*
telozby - jak gdyby - *as if*
tlarka - spróchniałe drzewo, próchno - *rotted wood, wood dust*
tłok - trawnik - ugór - *lawn, fallow*
tocko - maglownica - *hand mangle*
toporka - podziurkowana okrągła deseczka na kiju, część maselnicy - *perforated round board on a stick, part of a churn*
toto-wyj-toto - właśnie tak, właśnie w ten sposób - *exactly that, exactly in that manner, just so*
tram - kloc drzewa - *block of wood, log*
troc - tartak - *sawmill*
trojacka - międlnica do lnu lub konopi - *tool for making linen or hemp*
trubować sie - martwić się - *to worry*

truchła - trumna - *coffin*

tryźnić - marnować - *to waste, to fritter away*

trza - trzeba - *one should, one must, it is necessary*

trzójmi - we trzech - *in threes*

tulać - toczyć - *to roll, to wheel*

tulcyć - pielęgnować - *to nurse, to care for*

turconie - owcze dzwonki - *sheep bells*

turliki - końskie dzwonki - *horse bells*

turnia - wysoka ściana skalna - *high rocky wall, cliff*

tutok - tu - *here*

tybetka - rodzaj chustki na głowę - *type of kerchief for the head*

tylenzego - trochę - *a little*

tyrlok - cherlak - *sickly person, weakling*

tyrknąć - lekko pchnąć - *push lightly*

tyrmanić - marnotrawić - *to waste, fritter away*

tyrpać - popychać, poniewierać - *to push around, to treat like dirt*

tytłać - brudzić, ale też obtoczyć np. w mące - *to dirty; also to coat, as with flour*

U

uboc - zbocze góry – *mountain slopes*

uchlorz - węglarz - *coal merchant*

uchylać sie - usuwać się, ustępować - *to withdraw, to leave, to yield*

ucnońć sie - uprzykrzyć się - *to weary, to tire*
udać sie - przypaść do gustu, spodobać się -
to be to one's liking, to appeal to, to take a fancy
udobrować - zawrzeć ugodę - *to come to an
agreement*
ududkować - doradzić - *to advise*
uherski - węgierski - *Hungarian*
ujek - brat matki - *maternal uncle*
ujno - wujenka - *maternal aunt*
ukwalować - rozmawiać - *to talk it over,
to agree*
ukwolić - uzgodnić w wyniku rozmowy -
to agree to the result of a conversation
ułomniok - kaleka - *cripple, invalid*
unieskorzyć sie - spóźnić się - *to be late*
upłoz - trawiasta przestrzeń na zboczu - *grassy
area on mountain slope*
upytać - uprosić - *to beg, to persist in asking*
urada - narada - *council, deliberation*
urodny - urodziwy - *pretty, good-looking,
handsome*
usiargać - ubłocić - *to soil, to stain with mud*
usprzypatrzować sie - pooglądać ze wszystkich
stron - *to look around on all sides*
usuć - usypać - *to heap, pile up, to pour off (flour,
sugar, etc.)*
uślonknońć - zmarnieć, zginąć - *to waste away,
to decay, to die*

---

uświajndrać - poszwargotać w obcym języku - *to jabber away in a foreign language*

utympa - bieda, kłopot - *poverty, hardships, distress, trouble*

uwrac - koniec oranego zagonu - *end of a ploughed field*

uzdać sie - spodobać się - *to appeal to, to take someone's fancy*

uzdajać - zmyślnie coś złożyć w całość, także napisać - *to cleverly put something together, also to write something*

uzdobiyrać - podobierać - *to choose, to pick out*

uzmogać - z trudem o coś się wystarać - *to obtain something with difficulty*

W

wak - tynk - *plaster, parget*

wałaska - laska pasterska z siekierką - *shepherd's walking stick with hatchet*

wałkownica - maglownica drewniana - *wooden hand mangle*

wanta - kamień - *stone, rock*

wantule - usypisko głazów - *pile of large rocks*

warcula - kołowrotek do przędzenia wełny - *spinning wheel for spinning wool*

wargula - kobieta z wydatnymi wargami - *woman with protruding lips*

warmuz - różne ziele, potrawa biedoty na przednówku - *various herbs, preharvest dish of the poor*

warsol - dolna i górna belka (płaza) w ścianach lekko wysunięta do wewnątrz - *bottom and top of a beam in a building, in walls slightly jutting out on the inside*

wartko - prędko - *quickly*

warzyć - gotować - *to cook*

watra - ognisko - *camp-fire*

wejze - weźże - *take that*

wereda - brzydal, niemiły człowiek lub zwierzę - *ugly person, unpleasant person or animal*

wetula - koza, która nie miała młodych - *barren goat*

wiaruśnik - żyjący "na wiarę" - *common-law spouse*

widzis mi sie - podobasz mi się - *I like you*

wieczerza - kolacja - *supper*

wiejalnica - szufla do wiania zboża - *shovel for winnowing grain*

wieldzaśny - wielki - *great, large, big*

wiera haj - naprawdę-*really, indeed,*

wierazeście - że też naprawdę (np. tak daleko zaszli?) - *is it really true, e.g. they went so far?*

wietek - koniec ostatniej kwadry księżyca, wypukłość łuku na lewo - *end of the last quarter of the moon, protuberance on the left*

wiyrchować - górować nad innymi - *to dominate others*

wiyrchowiec - wierzchołek drzewa - *top portion of a tree*

wiyrnik - górna część maselnicy (kiyrnicki) - *top portion of a churn*

wiyrsyk - mały wierch - *small mountain peak*

wizeperta - świadectwo obdukcji - *certificate of obduction, post-mortem*

włościzna - własność - *property, possessions*

włóki - tylna część sań towarowych - *rear portion of a freight sleigh*

wnetki - wnet - *soon, before long*

wor - wrzątek, również upał na dworze - *boiling water, also hot weather outside*

wozgry - smarki końskie - *horse's snot*

wrazica - wsadzający nos w cudze sprawy - *busybody*

wrodny - brzydki - *ugly*

wroz - razem - *together*

wrzecy - na pozór - *apparently, seemingly*

wse - zawsze - *always, forever*

wseliniejaki - różnorodny - *various, varied*

wstósić - wcisnąć coś na siłę - *to press or squeeze something strongly*

wsturzyć - włożyć coś do czegoś, schować - *to put something into something else, to hide*

wsuć - wsypać - *to pour*

wsyndyl - wszędzie - *everywhere*

wte - wtedy - *then, at that time*

wybrać kogoś - okraść - *to rob someone, to steal from someone*

wycytować - wymawiać coś komuś - *to remonstrate, reproach someone with something*

wydać sie - wyjść za mąż - *to marry, to get married*

wykrot - wywrócone z korzeniami drzewo - *fallen tree with roots*

wymowa - ustalone dożywocie - *fixed annuity*

wyprawocić - wyprocesować - *to win suit*

wyrobisko - miejsce po lesie całkowicie uprzątnięte - *area cleared of trees*

wyrzondzać - zrobić komuś na złość - *to spite someone*

wyskanie - wysokie w tonacji śpiewne i głośne nawoływanie - *high-pitched song calls, such as yodelings*

wystyrmać sie - wspiąć się na górę - *to climb a mountain to the top*

wyśni - górny - *high, elevated, top*

wywierzysko - potok wypływający spod wapiennych skał - *brook flowing from limestone rocks*

wyzdajać sie - pięknie się ubrać - *to dress splendidly*

wyzka - rodzaj półki, także pokoik na strychu - *a type of shelf, also a little room in an attic*

---

wyzwyrtać - odtańczyć z dziewczyną taniec obracany - *to dance with a girl in rotating dance*
wyździelnik - szyderca - *scoffer, gibber*

Z

zabocyć - zapomnieć - *to forget*
zadowić - zadusić - *to strangle, to choke, to smother*
zagibać się - podkasać się - *to turn up one's trouser legs, to tuck up one's skirt*
zagłobić - zaklinować - *to wedge up, to jam*
zakiel - dopóki - *as long as, until*
zapik - zasłonięte od tyłu miejsce na turni (miejsce pilnującego capa) - *rear portion of peak, place where goats are watched over*
zapionstki - zarękawki - *oversleeves, muffs*
zapiyrać - zamykać - *to close*
zaprzeka - zaprzeczenie - *denial, negation*
zasadka - czaty na zwierzynę - *lookouts for animals*
zasipnóńć - zachrypnąć - *to hoarsen, to become hoarse*
zasprzycyć - zastawić - *to set*
zatela - dopóty - *up to here, till the time, until*
zawaterniok - stale tlący się kloc w szałasie - *constantly smouldering log in shed*
zaworka - drewniane zamknięcie u drzwi -

wooden lock on door

zazelić - zardzewieć - *to get rusty, to rust*

zbacować - przypominać - *to remember, to remind, to recollect*

zbeśnić sie - wściec się - *to fall into a rage*

zbijać - zbójować, ale też zbierać wszelkie dobra - skąpić sobie - *to rob, but also to gather various items - to stint*

zbiórki - żniwa - *harvest*

zbocyć - przypomnieć - *to recollect*

zbójnicki - taniec góralski z przysiadami - *highlander jumping dance*

zbucniały - zbutwiały - *decaying, rotten*

zburzyć - zastukać mocno - *to knock strongly, to tap strongly*

zbyrkać - dzwonić, brzdękać - *to ring, to strum*

zcyndrzałe - zetlałe (tkaniny) - *moldy (fabric)*

zdrzyzdzyć - zgruchotać na drzazgi - *to crush to bits*

zdurzyć - sfermentować - *to ferment*

zdymienica - pęcherz odgniotu - *blist-ered corns*

ze-ba-haj - oczywiście tak - *why, of course*

ze-ba-jako? - a jak inaczej? - *how else?*

ze-dyć - przecież - *after all*

ze dyć jek haw - przecież jestem tu - *why, I'm here; I'm here, after all*

zeleźnica - kolej żelazna - *iron railroad*

zeleźniok - garnek żeliwny - *coat-iron pot*

zemzyć - zdrzemnąć się - *to take a nap*

zeskredzieć - zmarnieć, spleśnieć - *to decay, to mold, to mildew*

zeźreć - dojrzeć, zboże - *to become ripe (grain)*

zglewiały - zmarznięty - *frozen*

zgrzebne (płótno) - płótno utkane z grubszych nici - *linen weaved with thick thread*

zhawstela - stąd - *from here*

ziabica - wilgotna skała w rzece - *wet rock in river*

ziajać - ziewać - *to yawn*

zimnica - febra - *fever, the shakes*

zjedź - tłum gawiedzi - *mob, rabble*

złomisko - część lasu z połamanymi przez halny drzewami - *area of forest with broken trees from strong winds*

złóbcoki - prymitywne skrzypce - *primitive fiddle*

zmier-znońć - uprzykrzyć - *to make unpleasant, to make irksome*

zmiyrk - zmrok - *dusk, twilight*

zmiynk - odwilż - *thaw*

znacy - zapowiada, daje znać - *announces, informs*

zniedobocka - znienacka - *unexpectedly*

zoból - wole - *goiter*

zogawica - pokrzywa - *nettle (plant)*

zoglik - płomyk w ognisku - *flame in a camp-fire*

---

zogłówek - poduszka - *pillow*

zołykace - kawałki sukna przykrywające przypory - *pieces of woollen cloth covering trouser openings*

zomiyrek - miarka udoju mleka owczego - *bucket of sheep milk*

zopaska - fartuch - *apron*

zoproska - zasmażka - *browned flour and butter*

zora - zornicka - gwiazda poranna - Wenus - *morning star - Venus*

z tamtela - stamtąd - *from there*

ztyrany - sponiewierany, zmęczony - *maltreated, tired*

zrucno - czas przed świtem - *time before sunrise*

zukwy - szczęki - *jaws*

zwarka - zgrzewanie metalu - *welding metal*

zwarnica - serwatka z mleka owczego - *whey from sheep's milk*

zwidzieć sie - spodobać się, ale i zdawać się - *to appeal to, but also to seem*

zwyk - nawyk - *habit, custom*

zwyrt - obrót - *turn, revolution*

zwysyć - uzyskać nadwyżkę, zaoszczędzić - *to receive a surplus, to save money*

zyngra - rozpalona drobina żelaza - *burning-hot scrap of iron*

zynońć - gnać - *to speed, to chase*

zyntyca - serwatka z mleka owczego zmieszana z hurdą - *whey of sheep's milk mixed with another type of whey*

zyrdka - cienki drąg - *slender rod*

zytki - pełen życia, żywotny - *full of life, lively*

zywina - zwierzęta domowe - *domestic animals*

zywobycie - istnienie, żywot - *existence, life*

zyzać - drażnić (np. psa kijem) - *to irritate, to annoy, for example a dog with a stick*

Ź

ździorbny - skąpy, dusigrosz - *miserly, stingy, scrape-penny*

źleb - wąskie koryto skalne między dwiema górami - *narrow channel between two mountains*

źlebina - wklęsłość na szczycie góry - *depression at the top of a mountain*

źlob - szerszy parów - *wide gulley*

źracno - widno, choć jeszcze przed świtem - *visible, though faintly - before sunrise*

źradło - lustro - *mirror*

ENGLISH
HIGHLANDER

A

abandon - niechać
abruptly - ścyrbnie
abused - ztyrany
accommodate - plorzyć
acidity - kis
act - napytać
admirably - do cudu
advantage - hasent, prefit
advise - ududkować
agree - przystać, ukwalować
agreement - miyra
allude - myrknońć
always - wse
ambition - honorność
ancient - drzewsy
anger - paśkawa

announces - znacy
annoy - cubrzyć, zyzać
ant - mrowcyca
anybody - hojto
anyone - hojto
anything - chojco, hojco
anywhere - hoćka
apologize - przepytować
apparently - wrzecy
apron - zopaska
arrest - sodza
ashtree - jasiyń
ask - napytać, pytać
ass - rzyć
asthma - cemir, dychawica
attractive - haraśny, śwarny
August - jakóbski
aunt - ujno

B

babbler - bajtlok
bachelor - parobek
bacon - spyrka
badly - niepeć
bag - bajtlik
bagpipe - koza
bagpipe-player - dudosek

---

barely - jarzec
barn - sopa
barnyard - obora
bastard - bynś
bat - gacopiyrz
beam (king-posted) - bont
beast - koza
bed-bug - płoscyca
beggar - glajcorz
beginning - piyrwocas
behind (human) - rzyć
bell - śpizok
beloved - ostomiyły
benefit - hasent
berries (red) - bruśnice
big - wieldzaśny
blackberries - cernica
blackberry bush - jafer
bless - przezegnać
blizzard - kurniawa
block - donga
blusterer - matafijo
bog - mokwa
boisterous - garlaty
border - brań
botch - gwozdać
bottom (human) - rzyć
bottom - niźni

boundary - brań
brave - śwarny
brawler - heciok, matafijo
bricklayer (female) - mularka
bridesmaid - druzcka
broth - polywka
brother-in-law - dziewcerz
buckshot - brok, loftki
bullock - statek
bungle - gwozdać
busybody - wrazica
but - ba
butcher - miysorz

C

cabbage - korpiyle
cabbage soup - kwaśnica
campfire - watra
capital - iścizna
carcass - myrsina
carpenter - budorz
carefully - opaternie
carnival - niesimfrany
caroller - jaślikorz
cast - śliwac
catarrh - ryma
catch - dopaść, łapić

ceiling - powała
chaste - niesimfrany
cheat - siachlyrz, głobiś
chew - mieryndzać
chicken-farm - gadzina
choke - zadowić
choose - uzdobiyrać
choosy - przeklaśny
clamor - rajwak
cleanse - laksować
clear-headed - krzyźwy
cliff - turnia
climb - styrmać sie
close - zapiyrać
coalminer - hawiorz
coarse - jarki
coat - katana
cold - ryma
colt - haciar
coffin - truchła
come - pódź
compassionate - lutosierny
completely - cysto, piyknie, do cna,
   do imentu
conceited - podufały
confessional - słuchanica
continually - obytem
constant - chodny

constantly - obytem
cook - nawarzyć, warzyć
corpse - myrsina
cough - dusnota, krzypota
council - urada
counsel - ududkować
count - cytać
courageous - śwarny
cow - statek
cripple - sietniok, ułomniok
crook - siachlyrz
crop - zoból
cross-eyed - sarłooki, świdrowaty
crosswise - posprzyc
crumble - kniysać
crumple - miyntolić
crush - ozpucyć, pucyć
cry-baby - ozmazany
cuckoo - kukać
cupboard - pitwór
custom - zwyk

D

darken - miyrkać
darkness - ćma
daughter-in-law - niewiestka
dawdler - ozmazany

dear - ostomiyły
decay - uślonknońć, zeskredzieć
decaying - zbucniały
deceiver - obsirkar
December - jadwiyntowy
denial - zaprzeka
deteriorate - uślonknońć
devil - ciert
dialect - gwara
die - uślonknońć
difficult - śtyrbnie
deliberation - urada
din - burniawa, rajwak
dinner - połednina
dirty - tytłać
discover - nojść
disease - niemoc
disembowel - pitwać
disperse - ozpłochać
dissipate - ozflorzyć
distress - utympa
distrustful - śperliwy
division - dzielba
do - kónać
docile - gibki
dolt - karapentniok
domestic - pachołek
downpour - lejba

downward - dołu
drainer - ocydzarka
drawers - gacie
dream - śpik
drone - furceć
drunk - kiyrny
drunkard - papara
dullard - karapentniok
dusk - zmiyrk
duty - dowka

E

easy - łacno
edelweiss - kocie łapki
edge - kraj
elastic - gibki
elevated - wyśni
entirely - do cna
epilepsy - niewolnica
everybody - syćka
everyone - syćka
everywhere - syndyl, wsyndyl
eviscerate - pitwać
ewe - strzyzka
exacting - przeklaśny
excellent - brakowny
existence - istność, zywobycie

expect - napodzioć sie

F

false - fałesny
fame - honorność
far - obdolno
far - prec
farm - gazdówka
farmer - gazda
farmyard - obora
fat - bujny
fatso - besgont
fatty - faflok
favorite - ostomiyły
February - gromnicnik
ferment - durzyć, zdurzyć
fetters - bugańce, reciozki
fever - zimnica
fiddle - gynśle
fidget - fidrygoł
fight - bitka
filbert - lyska
find - nojść
fire - gore
fireplace - watra
fleecy - bakiesisty
flighty - pohibość

flock - gajno
flock-master - baca
fly - furkać
fog - gma
for - lo, dlo
foreigner - niepilok
forever - wse
forget - zabocyć
former - drzewsy
formerly - drzewiej, piyrwyj
frayed - fafryngi
freak - oćwiora
freedom - śleboda
freeze - glewieć
frolicsome - ozbuchany
frosted - osedziały
frozen - zglewiały
furious - ozezarty
fussy - przeklaśny
fustiness - puk
futility - marnota
fuzzy - bakiesisty

G

gain - prefit
gale - dujawica
garrulous - gwarny

gibber - wyździelnik
girl - dziywka
glaze - ośklawica
glutton - kołdos
gluttonous - jysny
go - chyboj, póć
godfather - krzesnyociec
godmother - krzesnomatka
goiter - zoból
good-for-nothing - obieś
goodlooking - siumny, urodny
gossip - mamlac
grease - łoić
greasy - masny
great - wieldzaśny
greedy - jysny
grief - luto
grimace - fontry
growth - bula
grouse - głuchoń
gut - pitwać

H

habit - zwyk
hag - pałuba
hammer - kijoń
handsome - siumny, urodny

hanker - cnić
harder - stalić
hardly - lymze, lym
hardships - utympa
harvest - zbiórki
hat - kłobuk
hawk (v.) - chorkać
hayrick - kopa
haystack - kopa
hazel - lyska
heap - usuć
help - hasnować
herd - gajno
here - haw, hawok, tutok
heritage - ojcyzna
hide - wsturzyć
high - wyśni
higher - wyśni
hilly - koziato
hint - myrknońć
hit - durkać, łoić
hitherto - dosiela, dotela
hoarsen - zasipnąć
hoary - osedziały
hog - guda
hope - napodzioć sie
hot-headed - noremny
house-bug - płoscyca**

however - ba
hubbub - rajwak
Hungarian - uherski
hungry - łacny
husband - chłop

I

idler - nierobiś
if - kieby
illness - niemoc
impetuous - noremny, ozbuchany
inclination - matura
indeed - iście, wiera haj
individual - osobity
informs - znacy
inheritance - ojcyzna
insist - lamocić
instantly - na raty
instep - nart
interior - nuk
invalid - niedomozek, sietniok, ułomniok
invite - pytać
irksome - domolny
ironmaster - hamernik
ironworks - hamry
irritate - zyzać
irritation - paśkawa

J

jacket - katana
jam - ogłobić
January - godnik
jester - lejbuś, lejbucek
joker - lejbuś, lejbucek
jump - hipkać
just - ino, jacy

K

kerchief - smatka
kerosene - gajs
kiln - mila, mielerz
kiss - bośkać
knob (on skin) - bula

L

lacking - chybio
ladybug - panienka
lamb - jagnusek
lame - kuśtyga
lard - omasta
larch - świyrk
large - wieldzaśny

larynx - krztoń
last - pośledni
lasting - chodny
late - nieskoro
lazy-bones - bździongwa, nierobiś
leap - hipkać
lease - harenda
leave - niechać
lethargy - przeumarcie
levy - dowka
life - zywobycie
lightning - hrom
like (v.) - radu być,
  rod widze
liking - podoba
limping - kuśtyga
live - hować sie
lively - zytki
loafer - bździongwa, nierobiś
log - tram
loiterer - baciar
look - kukać
loose - prześlagły
loud - garlaty
love - rod widze
lovely - haraśny, śwarny
lower - niźni
lungs - miechy

M

maltreated - ztyrany
man - chłop
manacles - bugańce
many - godnie, moc, mocki
marry - wydać sie
marsh - mokwa
mash - pucyć
match - patycek
matches - śwabliki
measles - lutry
meet - śtretnońć
melody - nuta
merciful - lutosierny
merely - ino, jacy
messenger - honielnik
mew - mrawceć
midday - śródpołu
midwife (peasant) - babiorka
mildew - zeskredzieć
mill-race - przykopa
mine (pronoun) - naski
mine (noun) - bania
miner - hawiorz
mire - jaruga
mirror - przeziyradło, źradło
miser - ściślok

miserly - ździorbny
missing - chybio
mist - gma
mistress - frejerka
mob - zjedź
monster - bezera, oćwiora
moron - paprzniok
morsel - fałat
moth - ćma
mould - zeskredzieć
mountains - hole
mouth - kufa, nura, paja
move - ponknońć sie
much - godnie, moc, mocki
muffs - zapionstki
music - muzyka
musicians - muzycy
muzzle - kufa, nura, paja
my - naski

N

nail - lonik
nails - klince
naturally! - ba haj!
nature - matura
nearby - ku
needy - hudobny

negation - zaprzeka
nettle - zogawica
nobody - nifto
noise - burniawa, holof, rajwak
nowhere - nika, nikany
neighbor - spólnik
nurse (v.) - tulcyć

O

oaf - karapentniok
occasionally - kie-niekie
oil - gajs
once - kiejsi
only - ino, jacy, lym, lymze
or - lebo
ostensibly - wrzecy
overcoat - kapiniok
overgrown - bujny
oversleeves - zapionstki
overturn - kopyrtać

P

pant - fuceć
pantry - pitwór
pants - gacie
parget - wak

parish church - fara
pasture - hotar
patrimony - ojcyzna
pauper - glajcorz
peatbag - siyhła
peep - kukać
peer - kukać
piece - fałat
pig - guda
pile - usuć
pillow - zogłówek
piper - dudosek
pipe-stem - piporas
plaster - wak
play - igrać sie
please - plorzyć
pliable - gibki
plunderer - łupiyrz
ponder - medytować
poor - chudobny
possessions - chudoba, włościzna
posterior - rzyć
potatoes - grule, rzepa
   (in part of Podhale)
pouch - bajtlik
poultryyard - obora
pour - suć, wsuć
poverty - kapalina, utympa

presently - wnetki
press - pucyć
presumptuous - podufały
pretender - obsirkar
pretty - haraśny, świarny,
   urodny
prison - koza
property - chudoba, włościzna
proud - durny
puddle - jaruga
purge - laksować
push - durkać, tyrpać

Q

quag - jaruga
quaint - osobity
quack - cabroń
quarrel - chorkać sie
quareller - prociwa
quickly - wartko

R

railroad - zeleźnica
rascal - dziawraga, lejbuś,
   lejbucek
real - isty

reality - istność
really - iście, naozaist, wiera haj
recollect - przybocyć, zbacować, zbocyć
recommend - ududkować
reduce - upytać
reins - powodki
remember - bocyć, zbacować, przybocyć
rend - targać
rent - harenda
request - napytać, pytać
retreat - uchylać sie
ridge - hyrba
righteous - niesimfrany
rimy - osedziały
ring - zbyrkać
road - chodza
rock - wanta
rogue - dziawraga
roll - tulać
rook - hawrań
roof - jata, pajta
roofing - jata, pajta
roomy - obstorny
rosary - korónka
rotten - zbucniały
rough - jarki

rover - siargoś
rowan - skorusa
ruffian - mersena
rust - zazelić
rustle - suścić

S

sadly - ckliwo, kotwi sie, otukno
sadness - jankor
salmon - ikrzyca
sawmill - troc
say - padać
say - pedzieć
scallawag - obieś
scamp - baciar, lejbuś, lejbucek
scatter - ozeprać
scoffer - wyździelnik
scoundrel - mersena, dorbiś, dziawraga
scrape - rafać
scratch - rafać
scree - piorg
scuffle - bitka
scurry - dyrdać
see - is?

seek - niuktać
seemingly - wrzecy
seethe - durzyć
separate - osobity
servant - pachołek
serve - plorzyć
shackles - bugańce, reciozki
shadow - śpihować
sharp - jarki
shawl - odziywacka, pojedzinka
sheep - byrka, strzyzka
shepherd - juhas
shift - pąknąć sie
shortly - wnetki
short-sighted - ślyptok
shout - drzyć sie
shout - holof
shove - durkać
shredded - fafryngi
shrill - garlaty
shuffler - obyrtać
sieve - recica
sickle - kosok
sickness - niemoc
sideburns - bausy
sieve - cudzić
sieze - dopaść
simplify - upytać

slip - kiełznonć
sliver - fatrynga
slopes - uboc
slowly - poleku
smallpox - poki
smear - babrać, łoić
smoke - smyndzić
snout - kufa, nura
snowstorm - kurniawa
sober - krzyźwy
something - cosi
sometimes - kie-niekie
somewhere - kaz, kajsi
soon - wnetki
sourness - kis
sorrow - jankor, luto
sorrowfully - otukno
sough - suścić
spacious - obstorny
speed - zynonć
spend - minonć
spendthrift - flarzyć
spite - despet
splinter - fatrynga
spotted - łaciaty
spring - jar
sprinkle - suć
spruce - smrek

spy - śpihować
squabble - chorkać sie
squander - ozflorzyć
squanderer - florzyć
squash - ozpucyć
squeeze - dowić
squint - stulać
squint-eyed - sarłooki, świdrowaty
stable - sopa
stain - babrać
steel - ocel
steelworks - hamry
steeply - śtyrbnie
stingy - ździorbny
stink - puk
stomach - bańdzioch
stone - wanta
stork - bocoń
strainer - ocydzarka
strange - cudny
strangely - otukno
stranger - niepilok
strangle - zadowić
strengthen - skrzepić
striped - moryngowaty
strum - zbyrkać
stuck-up - durny
stutterer - gynglawy

summit - groń
sure (exp.) - bajto
supper - wieczerza
suspicious - śperliwy
swamp - mokwa
sway - huziać
swindler - głobiś, siachlyrz
swing - huziać

T

talk - gwarzyć, ukwalować
talkative - gwarny
tattler - mamlac
tax - dowka
tear - targać
tears - świyrcki
temper - stalić
tenancy - harenda
testament - ozporzondek
thaw - zmiynk
thief - łupiyrz, kałkuśnik
then - wte
there - hań
thoughtless - pohibość
throttle - dowić
throw - ciskać
tickle - łygotać

tickles - cliwki
tire - ucnońć sie
tired - ztyrany
thrachea - dychol
throw - praskać
to - ku
tobacco - habryka, tabok
tobacco (chewing) - baga
together - wroz
top - wyśni
torment - cubrzyć
track - oślada
trail - oślada
tramp - siargoś
trample - starasić
transversely - posprzyc
treacherous - okpiśny
trouble - utympa
truly - naozaist, wiera haj
typhus - łoźnica
trouble-maker - heciok
turn - zwyrt
twilight - zmiyrk

U

ugly - myrsina
ulcer - bolok

---

unawares - z niedobocka
uncertain - fagulny
uncontrollable - ozbuchany
undetermined - onakwe
unexpectedly - z niedobocka
ugly - urodny
until - jaze, zakiel, zatela
uproarious - garlaty
upwards - hore
urchin - lejbuś, lejbucek
urge - lamocić
uselessness - marnota

V

vague - onakwe
varied - sakowity, seliniejaki,
  wseliniejaki
various - sakowity, seliniejaki,
  wseliniejaki
vestibule (church) - babiniec
vexatiousness - despet
village - dziedzina
violent - noremny
virtuous - niesimfrany
violin - gęśle
vodka - gorzołka
voracious - jysny

W

wait - cepieć
watch - godzinik
watchmaker - godziniar
waste - przetyrmanić, tyrmanić, tryźnić
waterfall - siklawa
weakling - niedomozek
weary - ucnąć sie
wedge up - ogłobić
wheel - tulać
wheelbarrows, purwheeler - kolesor
wheelwright - kolesor
whenever - choćkie, dziwaśkie
when - kie
where - ka
wherever - choćka, dziwaśka
who - fto
which - ftory
whirr - furceć
whoever - choć fto, hojtory
whomever - hojtory
wide - obstorny
wife - baba
will - ozporzondek
windpipe - dychol
wish - huć

---

withdraw - uchylać sie
woman - baba
wonderfully - do cudu
worry - trubować sie
worthless - płony
wrap - odziywacka, pojedzinka
wriggler - obyrtac
wrong - niepeć

Y

yawn - ziajać
yearningly - ckliwo, kotwi sie
yell - drzyć sie
yield - uchylać sie
your - naski

HIGHLANDER SAYINGS

Na całym dziury nie sukoj.
Don't go looking for holes when there aren't any.

**Przy prowdzie nojdalyj zajedzies, na obłudzie
nic daleko nie pódzie.**
*The truth will take you the farthest, a lie will get
you no place.*

Nie tyn majster co zacnie, ino tyn co skóńcy.
*The master is the one who finishes a job, not
starts it.*

**U skompego zawse po obiedzie, u lyniwego
zawse po robocie.**
*With a miser it's always after dinner, with a lazy-
bones it's always after work.*

Kozdy ptok gałgon, co swoje gniozdo paskudzi.
Every bird is a rogue who messes up its nest.

Z płaczoncymi płac, ze śmiejoncymi sie śmiyj.
*Cry when others cry, laugh when they
laugh.*

Tyn, co nie opatrzy a kupi, to je do śmierzci głupi.
He who doesn't examine what he buys will be an idiot till he dies.

Nie była nigdy z psa baranina, ino zawse psina.
You'll never get a lamb out of a dog, only a dog.

Drobno órz, gęsto siyj, rzodko jydz a bedzies gazdom.
Plough finely, sow heavily, eat sparingly, and you'll be a good farmer.

Skompy mo pełne konty, scodry mo puste torby.
The miser has a full house, the generous man has empty bags.

Wtedy chłopcy podskakujom, kie na kotle miyso cujom.
Boys jump up for joy on the spot when they smell meat cooking in the pot.

Kogo Pon Bóg stworzy, tego i nie umorzy.
Whomever God created will not die of hunger.

Jaki jeś kij wzion, takim sie podpiyroj.
The stick that you got will be the one to support you.

Cłek nie płot, jak som nie ustoi, to go kołkiem nie podepres.
A person is not a fence, so if he cannot stand on his own, you will not do so with a brace.

Wola tego, co świat jego.
If the world is yours, you rule the world.

Kie jo mom, to zjym som, kie ty mos, zjymy wroz.
When it's mine, alone I'll dine; when it's yours, let's eat together.

Fto ze strachu umiyro, temu bździnami dzwoniom.
Whoever is dying of fright, farts both left and right.

U wdowy chlyb gotowy ino serce zakaliste.
At a widow's, the bread is ready but the heart is tugh.

Lepiyj być wilkołakem, jako nieborokem.
It's better to be a werewolf, than a poor creature.

Za jedyn kliniec stracis podkowe, za podkowe mozes stracić konia.
For one nail, you'll lose a horseshoe; for one horse-shoe, you'll lose a horse.

Lepiyj z brzyćkim pod pierzynom, jako z ładnym pod jedlinom.
It's better to be in bed with an ugly person than with a good-looking one under a fir-tree.

Miyj nadzieje w Bogu, ale w torbie syr.
Have hope in God, but cheese in your bag.

Nie za nos świat nastoł, nie na nos sie skóńcy.
The world didn't begin with us, and it won't end with us.

Dobrego karcma nie zepsuje, złego i kościół nie naprawi.
A good man won't be ruined by a tavern, a bad man won't be fixed by a church.

Nie urodzi sowa sokoła ino takie sowiontko jak ona.
An owl can't give birth to a falcon, only to another owl.

Nojgorsy z dziada pon.
The worst lord is the one who was once poor.

Piyrso wina darowano, drugo odpuscano, trzecio bito.
The first fault is excused, the second forgiven, the third punished.

Pies sie chyci i psiny, kie nima baraniny.
A dog will eat dog-meat when there is no lamb.

Ślepemu dość jedno oko.
For a blindman one eye is enough.

Fto starsy tyn mo grzbiet twardsy.
Whoever is older has a harder spine.

Komu sie nie lyni, temu sie zielyni.
Whoever is not lazy will have green pastures.

Co i po honorze, jak pusto w komorze.
What good is honor, if your shelves are bare.

Naprzód nie wychodź i na zadku nie ostajoj.
Don't go out in front, and don't linger in the back.

Lepiyj starego dźwigać, jak młodego ścigać.
It's better to carry an old man than race a young one.

HIGHLANDER RIDDLES

Co wchodzi piyrse do zamknionego kościoła?

Klucz.

What goes into a closed church first?

A key.

Idzie a nóg nimo, bije a rąk nimo.

Zegar.

It goes but has no legs, beats but has no hands.

A clock.

Stoi pani we wrotak, w dzieńci kabotak.
Jak jom ozbiyrali, to nad niom płakali.

Cebula.

She stood at the door, dressed in ten layers.
As they pealed her, they cried.

An onion.

Jakom wode do sie nosić w dziurawym
wiadrze?

Zamarzniętą.

What type of water can you carry in a bucket full
of holes?

Frozen water.

Fto zrobiył dziadka i babke?

Wnuczki.

Who created grandparents?

Grandchildren.

Cym sie ludzie nojbardziyj zdobiom?

Igłą.

What do people adorn themselves with most?

A needle.

Cemu kruk leci do lasa?

Bo las do niego nie przyleci.

Why does a crow fly to the forest?

Because the forest won't fly to him.

W lesie to było, liście to miało a teroz nosi duse i ciało.

Kołyska.

It was in the forest, had leaves, and carries a soul and a body.

Cradle.

Świynta Ursula perły rozsuła, miesioncek wiedzioł, nic nie powiedzioł, słonecko wstało, syćko zebrało.

Rosa.

St. Ursula threw out pearls, the moon knew but said nothing, the sun rose and took them away.

Dew.